PENSIONNAT DES DAMES URSULINES

D'AUXERRE

NOCES D'OR PASTORALES

DE

L'AUMONIER, M. L'ABBÉ ANSAULT

CHANOINE HONORAIRE DE SENS

AUXERRE

IMPRIMERIE OCT. CHAMBON, 8, RUE DU COLLÉGE

—

1887

AUX ANCIENNES ÉLÈVES

DES

DAMES URSULINES

D'AUXERRE

———

Il vient de se passer au couvent des Ursulines d'Auxerre, une cérémonie intime et toute de famille : la cinquantaine d'aumônerie de M. l'abbé Ansault.

Il n'est pas rare d'entendre dire d'un prêtre qu'il vient de célébrer ses *Noces d'or* d'ordination. Mais ce que l'on voit rarement, c'est une cinquantaine d'aumônerie, et d'aumônerie dans le même établissement, et c'est ce joyeux anniversaire qu'il nous a été donné de voir.

Il y a trois ans, le couvent des Ursulines faisait les *Noces d'or* de prêtrise de son excellent aumônier. La Communauté et les élèves n'ont pas oublié le bonheur qu'elles lui ont fait éprouver en cette circonstance, et elles se sont promis de recommencer trois ans plus tard, lorsque arriverait sa cinquantaine d'aumônerie, en faisant mieux et plus beau, si elles le pouvaient ; elles ont tenu parole.

C'est le récit de cette fête que les élèves actuelles veulent faire parvenir à leurs aînées, et que les Mères du couvent tiennent à envoyer à leurs anciennes élèves qui y trouveront comme un lointain souvenir d'un temps qu'elles ont aimé et d'un âge qui eut une grande influence sur leur vie. Elles recevront donc ce petit écrit comme le témoignage d'une constante affection.

LES PREMIÈRES VÈPRES

Les premières Vèpres, c'est par là que commence toute solennité complète, et nous voulons désigner, sous ce titre, tout ce qui s'est fait la veille du jour anniversaire.

Les faits que nous allons raconter ont donc eu lieu le 17 décembre. A cinq heures du soir, les élèves du Pensionnat, la Communauté et quelques anciennes élèves étaient réunies dans la grande classe actuelle qui servait autrefois de chapelle. On avait choisi ce local avec intention, à cause des souvenirs pieux qu'il rappelait, surtout des souvenirs de premières communions.

Au moment où M. l'aumônier y entra, son arrivée fut saluée par une cantate composée dans la Maison pour la circonstance. Nous ne la citerons pas en entier, mais, par les extraits qui suivent, on verra comment la poésie du cœur parle au couvent :

> Venons offrir, enfants des Ursulines,
> A notre Père, un doux tribut d'amour ;
> Et que le Ciel, de ses faveurs divines,
> Verse sur lui le trésor en ce jour ;
> Chantons en chœur, ah ! chantons le bon Père,
> Qui chaque jour et depuis cinquante ans,
> S'est consacré dans ce saint Monastère,
> Tout au bonheur, au bien de ses enfants !
>
> Qu'il soit permis à la reconnaissance
> De célébrer ses bienfaits, ses vertus :
> Bonté, douceur, sagesse et patience,
> Simplicité si chère au bon Jésus.
> Disons surtout, d'une voix unanime,
> Comme il est beau de le voir à l'autel,
> Lorsqu'il s'unit à l'auguste Victime.
> Ah ! c'est ainsi que l'Ange adore au Ciel.
>
> Vous avez su, de l'aimable jeunesse,
> Garder en vous la généreuse ardeur,
> Et du jeune âge, avec vive tendresse,
> Vous chérissez la naïve candeur ;
> Soyez béni, doux gardien de nos âmes,
> Qui les comblez de vos soins si touchants,
> Vous, dont le cœur n'a connu que deux flammes :
> L'amour de Dieu, l'amour de vos enfants.

Le chant terminé, une élève que nous appellerons de la *troisième génération*, pour nous servir d'un mot de son petit discours, car sa grand'mère et sa mère, anciennes élèves aussi, étaient là, unissant la reconnaissance du passé à la reconnaissance du présent ; une élève, disons-nous, Mlle Isabelle Gauchery adressa, au nom de ses compagnes, un compliment dicté par la tendresse la plus filiale et la gratitude la plus émue :

Voici ce compliment :

Bon et vénéré Père,

En ce jour d'allégresse, où nous célébrons la cinquantième année de votre ministère auprès de nous, veuillez permettre à l'une de vos enfants de se faire l'interprète de votre nombreuse famille des Ursulines d'Auxerre, dans laquelle trois générations se réunissent pour vous offrir un témoignage de sa respectueuse affection et de sa filiale reconnaissance.

Oui, reconnaissance, amour à ce vénérable aumônier dont les enseignements et les exemples nous ont appris à connaître, à aimer, à servir Dieu, et à ne chercher le vrai bonheur que dans l'accomplissement du devoir et la pratique de la vertu.

Que rendrons-nous au Seigneur pour le remercier de nous avoir donné un si bon Père et pour lui demander de nous le conserver encore de longs jours ?

Quid retribuam Domino ?...

Nous prendrons le calice et nous le placerons entre

les mains de notre vénéré Père, afin d'invoquer, par lui et avec lui, le nom du Seigneur...

Calicem salutaris accipiam et nomen Domini invocabo.

Il nous sera bien doux de penser que chaque jour, en remontant à l'autel, vous aurez encore, s'il est possible, plus présent à votre cœur, le souvenir de vos enfants.

Daignez agréer, bon Père, l'hommage de notre affectueuse reconnaissance et, pour mettre le comble à la joie de nos cœurs, veuillez nous donner votre paternelle bénédiction.

Les anciennes élèves prévenues par la complaisance et le zèle de l'une d'elles, s'étaient, de leur côté, empressées d'écrire, les unes pour annoncer qu'elles viendraient s'unir à ce qu'on allait faire, les autres pour exprimer le regret d'être retenues chez elles ; toutes laissaient voir en termes charmants l'affectueux souvenir qu'elles avaient emporté de leur ancien aumônier et qu'elles gardent encore précieusement.

D'un commun accord, elles s'étaient aussi cotisées pour offrir à ce bon Père un témoignage de leur filiale reconnaissance ; à chacune de leurs lettres était jointe une offrande pour les présents de fête, prouvant ainsi qu'elles n'avaient rien oublié après de longues années d'absence.

On avait acheté un superbe *prie-Dieu* qui était là aux premières Vêpres, et qu'étrenna, séance tenante, le vénéré donataire par la récitation d'un *Souvenez-vous*, dit en commun, pour chacune et pour toutes.

Il y aurait bien lieu, s'il n'y avait pas à craindre les longueurs, de faire encore quelques citations. Nous parlerions d'un sonnet présenté par Mme Richard, au nom des anciennes élèves ; d'une épître, œuvre de Mlle Mocquot, ancienne élève attachée à la Maison ; d'une autre épître composée par une élève encore au Pensionnat, il y a quelques mois ; d'un grand nombre de lettres gracieuses, envoyées par les *anciennes*, mais il faut que nous sachions nous restreindre.

Il est cependant une petite œuvre que nous ne pouvons passer sous silence : parmi les Religieuses du Couvent, il y en a neuf qui ont été, au Pensionnat, les filles de M. l'aumônier. L'une d'elles a composé un album aux fleurs délicates, aux gracieux dessins qui font songer à ceux que l'on voit dans les vieux manuscrits du XIIIe siècle.

Elle a peint aussi, sur ivoire, une belle branche de lis formée de neuf fleurs dont chacune représente une des anciennes filles de M. Ansault.

Au dessus de la tige, on lit : *Mon Dieu, j'ai*

gardé les lis que ton amour m'as confiés ; et, au bas, les noms complètent l'image.

En terminant le compliment, les enfants avaient demandé au Père une bénédiction qui leur fut octroyée de grand cœur.

Au même instant, la Révérende Mère Supérieure s'était approchée et avait remis une dépêche à M. Ansault. Et que disait donc cette dépêche ? car M. l'aumônier en ayant pris connaissance, resta quelque temps silencieux et interdit, puis il se prit à pleurer, en disant : C'est trop !...

Voici ce qui était arrivé : Le matin une première dépêche avait pris le chemin de Sens. En voici le texte :

« ÉMINENCE,

« Prière, envoyer pour M. Ansault, dont nous « faisons demain matin la cinquantaine d'au- « mônier, la bénédiction cardinalice. »

> *Les élèves des Ursulines d'Auxerre*
> *et la Communauté*
>
> 17 décembre.

A SON ÉMINENCE,
Le Cardinal BERNARDOU,

> Sens.

Et quelques heures après, on recevait cette réponse :

« Bénis, grand cœur, cher aumônier et Com-
« munauté.

« *Cardinal-Archevêque.* »

C'est cette pieuse attention, ainsi que l'aimable et paternelle réponse de son Eminence
le Cardinal-Archevêque qui faisait couler les
larmes du vénérable aumônier.

Ici devait avoir lieu une scène touchante qui
fut retardée de quelques heures.

On disait dans le compliment : *Quid retribuam Domino ?*

Nous prendrons le calice et nous le placerons
entre les mains de notre vénéré Père. Au moment où ces paroles seraient dites, un beau
calice en vermeil, don des anciennes élèves,
devait être remis à M. l'aumônier. On l'atten-
dait par le chemin de fer à quatre heures de
l'après-midi, et il n'arriva qu'à sept heures. Il
fallut donc attendre jusque-là.

Mais à sept heures, mères et élèves étaient
de nouveau réunies, pour remettre au vénéré
Père le riche don qui lui rappellera, tous les
jours de sa vie, qu'il a, dans une infinité de
pays et au Couvent, des cœurs qui ne l'oublie-
ront jamais.

Là, se terminent les *premières Vêpres*, après
lesquelles chacune se retire, dans l'attente de la
réunion du lendemain.

LA FÊTE

Elle consista surtout dans une Messe solennelle avec diacre et sous-diacre, et pour laquelle M. Ansault dut retrouver sa voix, malgré son émotion et ses larmes.

On y avait préludé par une communion générale à sept heures et demie, la Messe étant fixée à une heure trop tardive.

Que dirent les mères, que dirent les enfants dans le silence intime de cette communion ?

Que dirent-elles pour remercier Dieu des grâces accordées au Père pendant ces cinquante ans, pour lui en obtenir de nouvelles, surtout celle de la conservation, pendant de longues années encore ? C'est ici le secret de Dieu et des âmes, mais nous ne serons pas coupables d'indiscrétion, si nous croyons que toute la ferveur se donna carrière pour obtenir le possible et l'impossible en faveur du Père.

Il était neuf heures et demie, et la Chapelle était pleine comme aux jours de grande fête.

Au signal donné, M. l'aumônier, revêtu de riches ornements, et précédé de tout le clergé de la Cathédrale et de M. Dauphin, le vice-doyen des aumôniers, fut conduit au sanctuaire où, après quelques instants d'adoration, on lui fit prendre place à son fauteuil d'officiant.

M. l'archiprêtre de la Cathédrale, Supérieur actuel de la Communauté, prit alors la parole. D'une voix émue et avec toute la délicatesse de son cœur, il adressa au vénérable aumônier l'allocution suivante, dans laquelle il retrace, aussi fidèlement que possible, l'historique du ministère de M. Ansault.

Bonus pastor animam suam dat pro ovibus suis.
Le bon pasteur donne sa vie pour ses brebis.

Monsieur l'Aumônier et vénérable Chanoine,

Le Pensionnat des Ursulines d'Auxerre célèbre aujourd'hui une fête aussi touchante qu'elle est rare.

Il y a trois ans, la Maison fêtait une cinquantaine, la cinquantaine de votre sacerdoce, les Noces d'or de votre prêtrise. Nous nous rappelons quelle joie vous avez goûtée, quelles émotions vous avez ressenties dans ce jour où tout a été improvisé de notre part et inattendu pour vous. Un demi-siècle de sacerdoce fidèlement et pieusement rempli, cela est grand dans la vie d'un prêtre

Aujourd'hui, c'est une autre cinquantaine, la cinquantaine de votre pastorat, car il y a aujourd'hui cinquante ans que vous êtes pasteur dans cette Maison, que vous appeliez souvent votre paroisse.

Il faut bien que nous rappelions comment cela s'est fait, et que nous vous fassions boire le calice de ce qui peut être amer à votre humilité.

Etre aumônier dans une Maison comme celle-ci c'est un poste privilégié. Il y faut une vertu sérieuse, délicate, mûre, formée déjà dans l'expérience. Or, il y a

cinquante ans, vous étiez à peine dans votre vingt-
septième année, et cependant ce poste de choix et de
confiance vous était donné par feu Sa Grandeur Mgr de
Cosnac. Vos supérieurs croyaient déjà pouvoir se repo-
ser sur vous. Vous vous présentiez, il est vrai, sous le
patronage béni et aimé de M. Millon, l'ancien supérieur
de cette Communauté, dont le souvenir sera à jamais
et amoureusement conservé ici. Ce vénérable M. Millon
avait déjà fait de vous son ami. Et certes, être l'ami, le
confident d'un homme aussi grave, d'un prêtre aussi
éminent, c'est un grand honneur.

Et comment avez-vous répondu à l'attente de vos supérieurs ? Pour le bien apprendre, si on ne le savait
déjà, on n'aurait qu'à le demander non-seulement aux
Religieuses Ursulines, qui vous ont vu à l'œuvre ou qui
ont travaillé avec vous pendant ce long ministère ;
mais encore à toutes les générations qui ont demeuré
ici comme élèves durant ce demi-siècle. Elles ont passé
nombreuses et choisies dans cette chère et excellente
Maison, et toutes ont gardé avec respect l'amour de
leur aumônier. A mesure qu'elles ont quitté le Couvent,
elles ont emporté avec elles la vérité chrétienne large-
ment et éloquemment démontrée, comme la lumière et
le viatique de leur vie, qu'elles devaient transmettre
autour d'elles.

Il n'y avait pas seulement ici l'enseignement de la
vérité découlant de vos lèvres, il y avait aussi la vie
vraiment sacerdotale, l'exemple d'une vertu aimable et
gaie, mais toujours grave, réservée, telle qu'il la faut
en pareille situation.

Voilà ce que diraient à cette heure ces centaines,
pour ne pas dire ces milliers d'anciennes élèves qui

ont pris place dans le monde et y suivent leur vie.

Beaucoup sont mères aujourd'hui, à la seconde génération peut-être et, si en ce moment elles avaient à choisir un aumônier pour leurs enfants, ce serait un aumônier tel que vous, qui leur rappelât votre bonté, votre amabilité, toutes les qualités qu'elles ont aimées en vous.

Dites, Mesdames, est-ce que je n'exprime pas là une de vos pensées intimes ?

Ainsi s'est passée votre vie d'aumônier et votre vie sacerdotale que Dieu a faites contemporaines et s'égalant presque en durée.

Vous, mes enfants, les élèves d'aujourd'hui, je comprends le jeune enthousiasme qui s'est emparé de vous à l'arrivée de ce jour, vos chants, vos joies, l'empressement que vous avez mis à environner de vos aimables démonstrations votre vénérable pasteur.

Cette vie d'aumônier est très belle et très honorable, et cependant simple et modeste, et elle se passe loin des regards du monde. Vous auriez pu, M. l'aumônier, sans ambition et sans vous grandir plus que vous n'y aviez droit, vous la faire plus considérable. Jamais vous n'avez voulu en entendre parler, et vous avez toujours déclaré que vous ne changeriez pas votre situation d'aumônier du Pensionnat des Ursulines pour le poste le plus brillant. Vous ne vous doutiez pas en ce temps-là que Mgr l'Archevêque, aujourd'hui notre Eminentissime Cardinal mettrait sur vos épaules par la mozette, le lustre de la pourpre de chanoine. C'est cette persistance qui me faisait dire en commençant cette parole que j'appliquais à la constance de votre dévouement à votre petit troupeau, à votre bien-aimée petite paroisse : « *Le bon pasteur donne sa vie pour ses brebis.* » Vous avez reçu jeune ce ministère, vous y avez employé votre vie, et vous y attendez la vieillesse.

Aussi, à la nouvelle que vos secondes noces d'or se préparaient ici, vos noces d'or d'aumônier, toutes vos anciennes élèves se sont émues ; celles qui ont pu quitter leur foyer sont venues, et toutes celles qui ont été retenues par leur devoir, se sont excusées de leur absence par des lettres charmantes et des preuves de leur reconnaissance persévérante.

Le plus agréable témoignage est ce beau calice qui va vous servir pour la première fois. En y offrant la sainte Victime dans un instant, présentez bien à Notre-Seigneur toutes celles qui ont été élevées ici, celles qui sont actuellement vos paroissiennes, toutes les saintes Mères défuntes avec lesquelles vous avez travaillé, toute la sainte Communauté qui vous accompagne de ses vœux et vous environne de ses respects.

Vous voudrez bien aussi avoir une pensée pour nous, vos amis et vos frères dans le sacerdoce.

Après cette allocution, la Messe commença, M. Ansault la célébra avec une émotion qu'il ne lui fut pas toujours possible de dominer. On le comprend : tout le passé était là vivant, tous les souvenirs se pressaient, se multipliaient ; les joies et les épreuves, ce que la mort avait respecté et ce qu'elle avait brisé. Pendant cette belle Messe, l'officiant a comme vécu cinquante ans, dans lesquels il a revu, pour ainsi dire, toute sa vie, tout ce qu'il y a aimé. Enfants des Ursulines, celles d'aujourd'hui et celles d'autrefois, il vous a toutes vues et portées au Dieu-Hostie.

A l'offertoire, un très beau *Quid retribuam* a été chanté par Mlles Mocquot, Marguerite Quatresols, Thérèse Gauchery, Isabelle Gauchery et Hélène Buatois. A l'élévation, Mlle Quatresols a fait entendre encore un splendide *O Salutaris*.

Vers la fin de la Messe, on distribua, en larges parts, un magnifique pain béni, préparé pour la circonstance.

Toutes celles qui ont mangé de ce pain n'ont pas manqué d'y voir le symbole de la charité qui les unit entre elles, dans la même affection et dans la reconnaissance au même Père spirituel de leur jeunesse.

La Messe finie, M. Ansault trouva encore assez de forces pour exprimer les sentiments qui remplissaient son âme :

Je ne veux pas descendre de l'autel, dit-il, sans remercier les anciennes élèves qui ont voulu prendre part en si grand nombre à cette fête de ma cinquantième année d'aumônerie. J'avoue que je suis touché, ému jusqu'au fond de l'âme. J'étais loin de m'attendre à une pareille explosion de filiale reconnaissance Je veux donc que les anciennes élèves sachent hien que je n'offre jamais le Saint-Sacrifice sans donner un souvenir aux Religieuses et à toutes leurs élèves mortes et vivantes ; que jamais je ne donne la bénédiction du Très-Saint-Sacrement sans prier N.-S.-J.-C. d'étendre sa main sur *toutes* les élèves et de les combler de toutes ses bénédictions. Oui, je veux qu'elles sachent bien que si les élèves du Pensionnat des Ursulines d'Auxerre sont des cœurs qui n'oublient pas, moi aussi, je suis un cœur qui n'oublie pas.

Après ces paroles, il n'y avait plus qu'à chanter le cantique d'action de grâces, entonné aussitôt par le vénérable officiant et continué par l'assistance.

Nous dirons en finissant : Puisse cette fête porter ses fruits, en réunissant le passé et le présent, en rajeunissant la foi et la piété, en rappelant à toutes ce qu'elles ont trouvé pour elles-mêmes en cette chère et sainte Maison, et ce qu'elles y trouveront toujours pour les héritières de leur nom et de leurs vertus !

Ce compte rendu était sous presse, quand Monsieur l'abbé Ansault reçut de Sens la lettre suivante. Nous ne pouvons résister au désir de l'ajouter à tout ce qui précède. Les anciennes élèves des Ursulines y verront la paternelle affection que son Eminence, notre Cardinal-

Archevêque, garde toujours pour le Couvent des Ursulines et son cher Aumônier.

« Sens, le 5 Janvier, 1887

« Mon cher Chanoine,

« J'aime trop ma chère Communauté des
« Ursulines, pour ne pas m'associer à ses
« fêtes, et j'étais doublement heureux de pren-
« dre part à celle dont vous étiez l'objet.

« Cinquante ans de vie sacerdotale employés
« au service des âmes ne sont pas sans mérite
« devant Dieu.... et j'espère que vous trouverez
« un jour toute une couronne d'enfants dont
« vous aurez préparé le bonheur éternel et qui
« à leur tour assureront le vôtre.

« Je vous bénis, mon cher Chanoine, en vous
« souhaitant encore de nombreuses et saintes
« années, et je vous renouvelle l'assurance de
« ma paternelle affection.

« † Victor Félix, Cardinal Bernadou,
« Archevêque de Sens. »

Auxerre. — Imp. Oct. Chambon, 8. rue du Collége.